Direction de la publication :
Isabelle Jeuge-Maynart et Ghislaine Stora
Direction éditoriale : Catherine Delprat
Édition : Marie Gazagne
Réalisation : Nord Compo
Couverture : Anna Bardon
Fabrication : Geneviève Wittmann

Crédits iconographiques : © Shutterstock.com/Lorelyn Medina (p. 11) ; /Somkku (p. 17) ; /Lucy Ya (p. 20) ; /Subarashii21 (p. 29) ; /Blablo101 (p. 31) ; /Nicemosaic (p. 35) ; /BlueRingMedia (p. 41) ; /Stegworkz (p. 42) ; /Gst (p. 51) ; .Skyboysv (p. 59) ; /Kakigori Studio (p. 4) ; /bfGrafik (p. 73) ; /iDesign (p. 4) ; /Aleksandr Bryliaev (p. 79) ; /Timurockart (p. 80) ; /Christos Georghiou (p. 87) ; /Kudryashka (p. 93) ; /Ksusha Dusmikeeva (gardes).

ISBN 978-2-03-592495-7

Imprimé en Espagne par Unigraf SL
Dépôt légal : avril 2016
317262/02- 11036401 - juillet 2017

LES MINI LAROUSSE

Les 50 règles d'or de la famille recomposée

Émilie Devienne

LAROUSSE

21 rue du Montparnasse 75283 Paris Cedex 06

Sommaire

Revoyez vos idéaux

À peine ce livre ouvert et déjà un principe de réalité ! Oui, mais il est le garant de votre réussite.

En effet, les représentations de la famille recomposée, notamment par le biais de séries télévisées, sont charmantes, drôles, idylliques, mais **relèvent de la fiction**. C'est d'ailleurs leur vocation.

Pour que la recomposition familiale se passe bien, il faut trouver un **bon équilibre** entre les rêves qui vous portent et les contraintes qui vous brident. Et croyez-moi, je sais de quoi je parle : depuis 1997, je bricole ainsi, bricolage que vous retrouverez à la règle n° 42 p. 79.

Un homme (et une femme) averti en vaut deux. Moins vous tombez de haut à la première contrariété, mieux vous rebondissez. Un enfant qui vous critique (« maman, ELLE, elle est à l'heure ! »), un ado dont la scolarité vous préoccupe, une ex qui vous fustige dans un courriel, une maison dans un désordre dorénavant insupportable... Les raisons d'entrer dans des zones de turbulences sont nombreuses. Tout l'enjeu est que les **heures de bonheur** l'emportent... et haut la main !

Consultez les statistiques

Mettez votre réalité en perspective ! Vous vous sentirez moins seul et vous serez comblé de partager votre bonheur avec des milliers d'autres couples !

L'INSEE a publié en 2015 une étude « couples et familles ». Voici quelques indicateurs :

- Les remariages ont triplé ces 40 dernières années.
- En 2011, on dénombre 723 000 familles dites recomposées.
- Près de 1,5 million d'enfants mineurs vivent au sein d'une de ces familles (soit environ 1 sur 10).
- Un peu plus de 53 % vivent avec un enfant commun.
- 1/3 des familles recomposées sont constituées d'un couple vivant avec les enfants de la femme.
- Un peu plus de 1 beau-parent sur 5 n'a pas eu d'enfant.

Regardez autour de vous et vous constaterez qu'il n'y a pas deux familles identiques. Cela vous aidera à garder le meilleur et à laisser de côté des « recettes » qui ne vous conviendraient pas.

Soignez les présentations

Quand vous présentez votre nouvel amour à vos enfants, quelques erreurs sont à éviter.

Un petit temps d'adaptation est sûrement nécessaire aux enfants et ados. C'est une chose de savoir que papa ou maman refait sa vie, c'en est une autre de rencontrer « pour de vrai » la nouvelle personne. Quelques recommandations :

- **Évitez de leur vanter** abondamment les qualités de l'autre. Ils risqueraient d'interpréter cet éloge comme une critique en règle de leur mère ou de leur père.
- Ne tenez pas un **discours trop pompeux** qui pourrait les inquiéter. Évitez les phrases comme : « Dorénavant, Nathalie est la femme de ma vie, vous n'avez pas votre mot à dire à propos de mon nouveau bonheur », etc.
- Ne tombez pas dans des **présentations trop légères** : « Et voici ma nouvelle copine ! » Il ne

faudrait pas que vos enfants ne prennent pas votre décision au sérieux.

- Préférez des **phrases rassurantes** qui montrent que vous avez mené une réflexion en amont. Par exemple : « Xavier et moi nous sentons mûrs pour vivre ensemble et vous proposer un nouveau projet de vie. Cela ne veut pas dire qu'il remplace votre père, mais je lui fais confiance pour contribuer à mon bonheur et donc au vôtre. »
- Optez pour un endroit où il est facile **de circuler ou de s'isoler**. Quand les présentations sont faites, chacun peut (les enfants surtout) aller dans son coin et évoquer au besoin la charge émotive qui vient de se produire. Un lieu en plein air, où pratiquer éventuellement un loisir, est une bonne piste.
- Choisissez le bon moment. Proscrivez les **dates clés** (fête des mères ou des pères, Noël, veille d'une compétition sportive pour l'un des enfants, etc.).

Respectez le rythme de chacun

Commençons par une grande révélation : ce n'est pas en tirant sur un brin d'herbe qu'il va pousser plus vite ! Autrement dit, ne forcez pas l'enthousiasme de tout le monde.

NE FORCEZ PAS LES CHOSES

Si vous vous montrez trop insistant, vous risquez de braquer ceux dont vous avez en réalité le plus besoin pour réussir cette recomposition. **Chacun doit adhérer à son rythme.** Même si vous continuez de vous appuyer sur des valeurs ou des habitudes de votre vie d'avant, la vie à deux vous donne inévitablement envie d'expérimenter de nouvelles manières d'agir et vous contraint aussi à accepter des compromis. Tous ces ajustements, s'ils vous concernent directement, influencent également votre cercle : grands et petits, ex-conjoints, grands-parents, oncles et tantes, etc., ne vous suivent pas forcément d'un même élan dans votre nouveau bonheur.

MATURITÉ ET SENSIBILITÉ

Personne n'arrive dans ce projet de vie avec la même maturité ni la même sensibilité. Il y a aussi ceux de votre cercle intime qui doivent se plier à des règles de vie qu'ils ne respectaient peut-être pas jusque-là, et ce dans des détails qui vont soudainement revêtir une importance cruciale (les menus ou les horaires pour aller dormir, les autorisations de sorties, le choix des programmes de télévision…). De même, certains de vos proches ne peuvent s'empêcher de regarder votre nouvel amour à l'aune de ce qu'ils croient savoir ou avoir perçu de votre passé amoureux.

PATIENCE, PATIENCE…

Bref, même si vous agissez avec tact et faites comprendre que vous êtes certain de votre choix ou sûr de votre projet, même si vous témoignez du fait que cette recomposition qui implique beaucoup de personnes ne résulte pas d'un coup de tête, faites preuve de patience. Chacun va trouver ses marques à son rythme et cette harmonie à laquelle vous aspirez tant.

« Ce ne sont pas mes gamins »

Ces enfants sont attachants. La belle-mère ou le beau-père a donc envie de les aider, d'intercéder auprès du parent légitime quand il pense que sa médiation est opportune. Seulement, « c'est plus compliqué quand ce ne sont pas ses gamins ». Alors que faire ?

• **Conseil n° 1 :** ne promettez rien à l'enfant avant d'en avoir parlé avec son père ou sa mère afin de ne mettre personne en porte-à-faux.
• **Conseil n° 2 :** rassurez votre moitié sur le fait que vous ne voulez pas intervenir au-delà des limites convenues, mais que, dans cette situation, vous pensez que ceci ou cela...
• **Conseil n° 3 :** si vous avez des enfants, expliquez que s'il ou elle avait une opinion ou un conseil les concernant, vous accepteriez d'écouter même si la décision finale resterait vôtre.

Rappelez-vous l'origine de l'histoire

Même si vous brûlez d'envie de vivre sous le même toit que votre nouvel amour, gardez en tête les origines de cette recomposition. Quel est ce couple qui va devenir chef d'orchestre ?

Les origines du projet de recomposition (rupture, rencontre après un temps de célibat, veuvage, deuxième divorce pour l'un, première union pour l'autre…) ont une **influence déterminante**. Si les enfants croient que vous êtes celui ou celle qui a provoqué la séparation, votre cote de popularité va chuter. Si, au contraire, vous apparaissez comme celui ou celle grâce à qui la joie revient dans la maison, vous aurez plus de chance de vous faire accepter. L'âge des enfants est déterminant dans ce processus, le discours de « la partie adverse » aussi. Deux conseils :

- Adaptez votre discours à la **maturité affective** des enfants ou ados.
- Appuyez-vous sur des **faits** pour justifier votre choix.

Accordez-vous de changer en douceur

Le changement est à la fois paralysant et stimulant, c'est l'un de ses paradoxes !

Il peut être paralysant si **vous craignez ce qui va se produire**. Que vous l'ayez déjà vécu ou non, ce sera obligatoirement différent puisque les personnes en cause et les époques ont changé. Il peut en même temps être stimulant parce que vous voulez **croire que tout est possible**, que tout sera différent et se passera forcément mieux. Le changement devient alors source de joie. L'inédit est séduisant.

Attention, ce n'est pas parce que vous le décidez que le changement s'opère d'un coup de baguette magique. Un écart prévaut toujours entre l'état désiré (une cohabitation sereine et constructive, par exemple) et l'état actuel qui vous gêne aux entournures (la confrontation des sensibilités et les agissements pas toujours bienveillants d'un ex-conjoint ou d'un enfant rebelle).

Ayez confiance en votre boussole intérieure ! Elle vous indique les changements dont vous avez besoin et vous décourage face à ceux qui vous compliquent la vie. Tels le Sud, le Nord, l'Est et l'Ouest lorsque vous partez en randonnée, elle s'organise autour de 4 indicateurs :

- Avez-vous **envie de faire** ce que l'on vous demande ou ce que vous pensez qu'il faudrait faire ?
- Avez-vous un **intérêt** à le faire ?
- Savez-vous **comment** vous y prendre ?
- Sur quelles **ressources** matérielles et immatérielles pouvez-vous vous appuyer pour mettre en œuvre ce changement ?

MISE EN SITUATION

Prenons un exemple. Pour que la vie tous ensemble se déroule mieux, vous pensez que vous devriez, chaque soir, consacrer une heure aux enfants et aux beaux-enfants présents sous votre toit.

- **L'envie de faire** : en avez-vous vraiment envie ou est-ce une corvée que vous croyez nécessaire parce que les autres la prennent en charge ou, au moins, vous disent qu'ils s'y consacrent ?
- **Votre intérêt** : quel est l'avantage que vous auriez à dégager cette heure ? Améliorer la relation, aider à faire les devoirs, faire plaisir à votre conjoint(e) ou le/la soulager ?
- **Le savoir-faire** : avez-vous les compétences pour les devoirs, par exemple ? Êtes-vous à l'aise pour engager le dialogue, quitte à vous faire rabrouer si vous parlez de votre journée à bâtons rompus ?
- **Le pouvoir-faire** : êtes-vous en mesure de rentrer suffisamment tôt ? Avez-vous un endroit calme où vous installer ?

Changer dans la continuité

Quand la recomposition familiale pointe à l'horizon, le grand défi pourrait se résumer ainsi : « Continuer sans tout reproduire. »

• **Continuer** à croire en l'amour, en la famille, en la construction d'une vie à plusieurs autour d'une vision partagée, sans pour autant être unique.
• **Reproduire** serait commettre les mêmes erreurs, ne pas tirer les enseignements de son expérience.

Alors comment procéder ? En faisant le tri entre les valeurs auxquelles vous êtes attaché et les principes que la vie vous a appris et qui vous conviennent mieux. Par exemple : vous ne lâchez pas sur les vertus d'un rythme de vie bien minuté pour que les enfants aient le temps des devoirs et de la détente chaque soir, mais vous accordez **« une bêtise »** à la télévision ou une revue people « idiote ». Après tout, vous aussi avez craqué pour des feuilletons à l'eau de rose à leur âge !

Inspirez confiance

Les configurations au sein du grand club des familles recomposées sont multiples. Elles varient selon l'âge des parents et des enfants, leur histoire, les projets d'avenir, le mode de garde, l'état des finances, le degré de sérénité et de tension... Une valeur commune doit toutefois absolument prévaloir : la confiance.

D'une part, la **confiance en vous**. Vous allez réussir à construire un bonheur partagé. Si vous vous acceptez avec vos défauts et vos qualités, si vous admettez que vous avez connu des échecs, mais aussi de belles réussites tant sur le plan personnel que professionnel, il n'y a alors aucune raison pour que vous ne puissiez pas avancer avec assurance sur ce nouveau chemin. Et quand des obstacles apparaîtront, l'expérience et le dialogue vous viendront en aide.

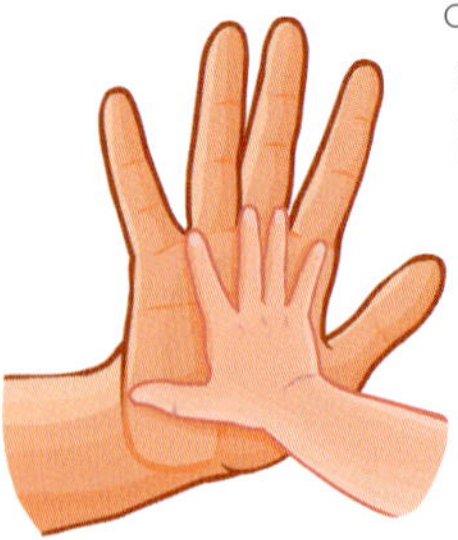

D'autre part, la **confiance en l'autre**. Elle est d'autant plus inébranlable que vous admettez ses caractéristiques : elle connaît des hauts et des bas, c'est normal. Prenez de la distance par rapport à cette société qui ne promeut que les paillettes et les succès 24 heures sur 24, 365 jours par an. Être humain, c'est aussi traverser des moments de vulnérabilité… MAIS en sachant que l'on en sortira renforcé si l'on en tire les enseignements.

ENTRE VOUS

Votre confiance en vous et en votre conjoint(e) apportera de la cohésion à votre couple. Sans ce noyau dur, impossible d'orchestrer le quotidien d'une famille, *a fortiori* si elle est recomposée. Vous verrez que cette confiance s'étend également à des alliés que vous saurez identifier.

Posez vos limites

Vivre dans une famille recomposée exige plusieurs prérequis. D'une part, avoir un ami bienveillant à qui vous pouvez tout dire sans ménager vos tournures de phrases ni veiller à une certaine convenance. D'autre part, vous montrer sincère en toutes circonstances.

UN DÉFOULOIR INDÉFECTIBLE

« Je n'ai pas signé pour ça, moi, m... ! » Il vous faut alors une **oreille capable d'entendre ce cri du cœur**, un classique de la part d'un beau-père ou d'une belle-mère. Rien de plus légitime. Vous aimez quelqu'un qui a des enfants, vous les avez déjà fréquentés avant de vivre sous le même toit, vous avez appris à les aimer (et eux à vous supporter ou même vous portez une affection sincère), mais quand ils dépassent les bornes sans relâche, l'exaspération est à son comble. Les crises à l'heure du bain, des devoirs, des retours de semaine ou de week-end chez l'autre parent sont monnaie courante. Il suffira d'un rendez-vous chez l'orthophoniste oublié, d'un avertissement supplémentaire sur le carnet de liaison... et cette goutte d'eau fera déborder le vase.

UNE CAPACITÉ À DIRE

Interviennent alors les deux qualités indispensables : **la sincérité et l'art de l'exprimer**. C'est déjà vrai dans une vie de famille « première génération », mais encore plus dans une recomposition. Ainsi, ne cherchez pas à épargner votre partenaire : quand c'est trop, c'est trop. Prenez le temps d'expliquer que « oui » vous l'aimez, vous saviez qu'il/elle avait des enfants, mais que vous ne pouvez pas dépasser certaines limites. À cela, deux raisons :

- vous voyez bien qu'il/elle souffre des attitudes de ses propres enfants et cela vous rend malheureux ;
- ces comportements témoignent d'un manque de respect vis-à-vis de vous.

MORALITÉ

Apprenez à poser vos limites et à alerter votre conjoint(e) lorsque trop de tensions pourraient mettre à mal votre projet familial et votre couple.

Affirmez-vous en douceur

Un peu comme en politique, la recomposition peut avoir tendance à diviser ! Ainsi, le nouvel espace qui prend forme est le lieu de vos espoirs, de vos désirs, mais aussi de vos projections et de vos peurs.

Recomposer une famille demande **tact et doigté**. Vous devez réussir à affirmer qui vous êtes en limitant les sources de conflits, de malentendus ou de tensions.

Pour y parvenir, deux ingrédients sont nécessaires :

- Une bonne **connaissance de vous-même** pour savoir ce que vous pouvez accepter, ce qui va trop loin, vos points sensibles et vos points forts.
- Un art de la **communication** qui pourrait s'inspirer de la « Communication Non Violente ». Des livres existent sur cette méthode. En un mot, parlez en disant « je » plutôt que de pointer l'autre du doigt (ce qui le mettrait en situation de se sentir agressé), veillez à exprimer clairement le changement qui vous tient à cœur en expliquant vos raisons.

Ayez une vision stratégique

Dans la recomposition, vous êtes dans la parentalité et la conjugalité. Comme dans une famille de première génération, mais en version démultipliée !

Ce n'est pas grave, direz-vous : « Plus on est de fous, plus on rit » ? Hélas, ce n'est pas toujours vrai. Comprenez bien les **influences réciproques** qui se jouent entre le cercle étroit qui vit sous votre toit et celui, plus étendu, qui le fréquente à l'occasion.

Cette vision stratégique vous permet de prendre la mesure des motivations de chacun, de tenir compte de leur sensibilité, etc. D'autre part, soyez attentif à la **nomination des « postes »** de chacun. Si une grand-mère tient à se faire appeler « Mamie » par ses petits-enfants, mais « Renée » par les enfants de votre partenaire, ce n'est pas neutre et sa demande mérite d'être entendue et respectée.

À l'usage, ce sont les attentions et le temps passé ensemble qui conditionnent la qualité du lien.

Jetez la marâtre aux oubliettes

Les clichés ont la vie dure et, parmi eux, celui de la marâtre détient la palme ! Oubliez définitivement l'histoire de Cendrillon...

Constatant que ce que j'écrivais déjà en 2009[1] reste d'actualité, je reprends ce passage où je pointais la double contrainte qui pèse sur les beaux-parents. Concernant la belle-mère, Marie-Luce Lovane-Chesneau, créatrice et présidente du Club des marâtres, déclarait : « Si l'on veut s'investir, on nous dit : "Surtout pas, tu n'es que la belle-mère." Mais si l'on ne fait rien, on nous traite de "marâtre" ! »

Si la belle-mère n'est qu'un tiers, pourquoi est-elle constamment sur la sellette dès qu'il s'agit de toutes les démarches de la vie courante (éducation, santé, actes administratifs) ?

---

1. *Recomposer une famille : toi et moi et tous nos enfants*, Larousse.

Ces femmes d'aujourd'hui, deuxième ou troisième conjointe, tentent de trouver le juste équilibre entre **indifférence et ingérence** pour instaurer leur autorité dans l'intérêt général du bon fonctionnement de la famille quand elle est réunie. Elles le font aussi au nom de la **responsabilité morale** qu'elles assument. Elles le font enfin pour aider leur conjoint quand il faut conduire un enfant chez le dentiste, le récupérer à la sortie de l'école, le conduire au foot... Selon le Code civil, pour agir dans les règles, il faudrait en passer par une procédure de délégation-partage encadrée par un juge aux affaires familiales. Fort heureusement, le bon sens a de l'avenir et les belles-mères disposent d'une marge de manœuvre si tout le monde accepte d'y mettre du sien.

UN PEU D'HISTOIRE

Le mot « marâtre » vient de l'ancien français *marastre* [« belle-mère »] issu du bas latin *matrastra* [« seconde femme du père »]. Ces dames n'étaient pas toujours des plus aimables avec les enfants du premier lit de leur époux !

Beau-père, oubliez David Copperfield

Vous vous souvenez peut-être de l'horrible Murdstone, le beau-père de ce malheureux petit David dont la mère est décédée ? Comme la marâtre, il a nourri l'imaginaire collectif. À l'instar de sa consœur, le « parâtre » (oui, le mot existe !) mérite que l'on s'attarde sur sa représentation mitigée.

En ce XXIe siècle, son objectif est de **trouver sa place** auprès des enfants de sa compagne, la soutenir si elle le sollicite pour incarner une figure d'autorité, sans pour autant se substituer au parent absent sauf si ce dernier est vraiment très en retrait.

Ainsi, il peut être tantôt éducateur attentif, intercesseur entre l'un de ses beaux-enfants et la mère de celui-ci qu'il sature d'exigences diverses, tantôt partenaire au foot… Son statut va dépendre :

- de ce que sa nouvelle compagne décide de lui confier sur le plan de l'éducation ;

• de l'historique de l'union ;
• de ce que les beaux-enfants vivent au quotidien, à savoir s'ils voient leur mère heureuse ou non ;
• du mode de garde qui influence la fréquence du partage de la vie avec lui (une semaine ou un week-end sur deux...) et dans quelles conditions ;
• de la vie passée dudit beau-père, s'il a des enfants d'une première union, s'il prévoit d'avoir un ou plusieurs enfants avec leur mère ;
• du discours que le père tient à l'égard du nouvel ami de la mère.

Beaux-pères, affinez votre capacité à doser entre la représentation du père idéal et celle du mari. Ce conseil est valable aussi pour les belles-mères !

Frère et sœur, demi et quasi

Au-delà des chiffres, la manière dont chacun se considère ou veut être reconnu dans le nouveau système familial est révélatrice…

L'enfant qui insiste sur le fait que Léa n'est pas sa sœur **MAIS** sa demi-sœur ne révèle pas la même chose de son état émotionnel que s'il dit qu'elle est sa sœur, même s'ils n'ont que leur mère en commun. Chaque famille est libre de choisir les termes qui lui conviennent. Retour sur l'étymologie :

- **Demi-frère et sœur.** « Demi » désigne les enfants qui ont un seul parent commun.
- **Quasi-frère et sœur.** Depuis 1991 et la proposition de la sociologue Irène Théry, ces noms désignent des enfants qui, sans avoir de lien de parenté, deviennent frères et sœurs, leurs parents vivant ensemble. Rien de gracieux dans le terme, mais il en est ainsi.

Conclusion : les mots sont révélateurs des attentes et des fragilités des uns et des autres.

Identifiez les personnalités en jeu

Connaître la personnalité des uns et des autres est déterminant pour que l'harmonie règne, car les caractères expliquent les comportements selon les âges et éclairent les enjeux et autres rapports de force.

Il existe des dizaines de modèles et de typologies pour tenter de définir les différents types de personnalité et vous n'avez sans doute pas l'intention de passer des années sur les bancs de l'université pour devenir expert en psychologie ! Cependant, quelques fondamentaux peuvent vous aider.

INTROVERTIS ET EXTRAVERTIS

Dans votre tribu, certains sont peut-être plutôt introvertis, et même s'ils sont heureux avec tout le monde, ils ont besoin de moments de solitude pour se ressourcer. À l'inverse, les extravertis sont toujours partants pour mettre du mouvement, ils aiment s'épancher, que leur vie aille mal ou bien, et cependant apprécient de temps en temps un instant de tranquillité. Ce n'est pas qu'ils boudent, ils font juste une **pause**.

CARRÉS ET ÉMOTIFS

Il y a ceux qui agissent davantage selon **des règles ou des principes**, quand d'autres sont d'abord conduits par leurs **émotions**. Cela ne veut pas dire que les premiers manquent de cœur et les autres de rationalité. Ils n'abordent simplement pas les situations et les décisions à prendre selon la même grille d'analyse.

ORGANISÉS ET IMPROVISATEURS

Certains aiment la vie organisée, rangée, structurée, une vie qui, ainsi planifiée, les rassure. Ils savent longtemps à l'avance où partir en vacances, les activités des uns et des autres sont clairement notées au feutre de couleur sur l'emploi du temps familial... Et bien entendu, ils ont du mal à comprendre qu'un autre membre de la famille avise au dernier moment et surtout que, malgré cette pseudo-improvisation, tout se passe bien !

ENTRE VOUS

En repérant les préférences de vos proches dans l'action et la réflexion, vous saurez mieux communiquer avec eux et les comprendre. Ils ne sont pas moins bien que vous, ils sont différents. Charge à eux de faire preuve de la même ouverture d'esprit à votre égard.

Tenez compte du passé

« Il y a deux jours dans une année où l'on ne peut rien faire. Ils s'appellent hier et demain. Pour le moment, aujourd'hui est le jour idéal pour aimer, croire, faire et principalement vivre. » C'est ce que nous propose le dalaï-lama.

Dans la vraie vie, ce précepte juste et généreux demande quelques aménagements. Ainsi, le passé reste-t-il parfois, malgré nos efforts et analyses, porteurs de blessures qui n'attendent qu'un prétexte pour se réactiver. Votre nouvelle amie arrive en retard et cela vous rappelle trop Carole qui n'était jamais à l'heure, le père de vos enfants demande de changer un week-end de garde pour la énième fois, juste pour vous embêter selon vous...

Le passé, cependant, est aussi une **mine d'enseignements** si l'on veut bien se donner la peine (et c'est parfois pénible !) d'admettre que les crises qu'on a traversées et qui nous ont conduits à une séparation sont autant d'opportunités pour l'avenir. Ainsi, la séparation a peut-être été houleuse, vous aimeriez tous faire table rase du passé et repartir à zéro. Hélas, il est illusoire de penser la chose possible. Même en partant à l'autre bout du monde, il reste toujours des scories du passé pour rendre toxiques les relations qui naissent et se tissent.

Dans la mesure du possible, réglez ce qui peut l'être dans les relations avec votre ex, décryptez vos **petits diablotins intérieurs** qui vous poussent à vous énerver indûment ou à crier vengeance et souvenez-vous que c'est toute votre personne qui entre dans une nouvelle histoire, pas juste celle qui a séduit, celle qui a été frappée d'un coup de foudre ou celle qui répare avec un être fraîchement aimé des traumatismes amoureux dans lesquels, la plupart du temps, des enfants sont parties prenantes.

Choisissez votre devise

Certaines familles grandissent avec un blason qui comporte la devise de leur nom. Cette dernière trouve ses origines dans l'histoire de la lignée.

DES MOTS QUI RASSEMBLENT

Des maisonnées devenues expertes dans l'art de négocier les rebondissements familiaux rapportent que cela contribue à **affirmer l'identité de la famille** et encourage l'**esprit de groupe**. La devise influence également leurs choix et leurs actions. En cas de difficultés, elle a le mérite de leur rappeler les valeurs fondatrices auxquelles la famille se rallie.

PRÊTEZ-VOUS À L'EXERCICE

Sans aller jusqu'aux devises des familles nobles ou de grands personnages de notre histoire tels les Trois Mousquetaires qui brandissaient leur épée au cri de : « Tous pour un, un pour tous ! », imaginez des croyances installées de génération en génération et qui pourraient très bien vous convenir. Par exemple : « Ensemble, on est plus fort. » La devise peut aussi refléter des règles de conduite qui vous semblent fédératrices et représentatives du clan que vous formez désormais. Par exemple : « Ne fais jamais à autrui ce que tu ne voudrais pas que l'on te fasse. »

Une devise structurera votre joyeuse tribu contre vents et marées. Elle donnera le cap à suivre. Interrogez-vous sur vos valeurs. Autour d'une table, discutez tous ensemble de ce qui vous soude les uns aux autres et trouvez votre devise. Elle peut tout à fait tenir en quelques mots ou se déclarer par une phrase courte.

À vous maintenant :

....

....

À MÉDITER

Vous manquez d'inspiration ? Je vous propose celle-ci, universelle : « Liberté, respect, plaisir. » Elle est difficile à respecter 24 heures sur 24, mais c'est un bel objectif !

Mettez-vous à la place de l'autre

S'il est bien une règle de vie difficile à respecter en général, c'est bien d'être capable de se mettre à la place de l'autre pour le comprendre ou du moins tenter d'y parvenir. Dans une famille recomposée, cette qualité est encore plus primordiale et notamment dans le sens parents ⇨ beaux-parents et inversement.

PÈRE ET MÈRE ⇨ BEAU-PÈRE ET BELLE-MÈRE

En tant que mère, il vous faut accepter qu'une nouvelle personne partage une partie de la vie de vos enfants. Que la relation se passe bien ou non, l'exercice n'est pas facile. Vous pouvez éprouver de la **jalousie** envers cette femme qui, finalement, n'est pas si mal. Vous craignez aussi peut-être pour vos enfants. Cela vaut aussi si vous êtes père : vous pouvez avoir du mal à accepter que votre **« rival »** passe du bon temps avec vos enfants, leur apprenne des choses que vous n'avez pas eu l'occasion de leur transmettre (un jeu, un savoir-faire...). Vous serez potentiellement enclin à vous révolter si « le mec » de votre ex-compagne ne montre aucune bienveillance.

BEAU-PÈRE ET BELLE-MÈRE ⇨ PÈRE ET MÈRE

Faites l'effort de vous figurer qu'il peut être délicat pour une mère ou un père de voir que vous exercez un rôle significatif et apprécié auprès de ses enfants. Vous devez rassurer les parents officiels qu'il n'est pas dans vos intentions de les évincer ni de les supplanter.

Deux composantes principales sont ainsi en jeu dans la relation des adultes qui réorganisent leurs vies : les interactions auprès des enfants, comme nous venons de l'indiquer, et la mise en perspective des histoires amoureuses. En effet, dès lors qu'une nouvelle personne vit de manière durable avec votre ex, cela signifie que **votre passé avec lui/elle est bel et bien terminé**. Et même si, intellectuellement, le père ou la mère se pense détaché(e) du lien, lorsqu'un fait aussi concret que la recomposition familiale se déroule sous ses yeux, ce tournant peut être finalement douloureux.

Trouvez vos alliés

La recomposition ne s'arrête pas aux frontières du couple, des anciennes unions et des enfants issus de celles-ci. Elle s'étend aux grands-parents, tantes, oncles, amis... C'est avec eux aussi que vous devez, sinon recomposer, du moins composer. Dans la mesure du possible, jouez la connivence.

Ces appuis vont vous permettre d'avoir une **vision complémentaire** de la vôtre pour comprendre une situation qui vous dérouterait ou un mot qui vous semblerait déplacé. **En gagnant la confiance** de la sœur de votre homme ou du frère de votre compagne, de son parrain ou de quiconque, vous pourrez demander un avis préliminaire s'il vous semble difficile de vous en ouvrir directement à votre partenaire. Par exemple, si vous pensez que l'orientation scolaire choisie ne correspond peut-être pas à ce que vous voyez des agissements de votre beau-fils ou si vous estimez qu'il serait bien de changer de lieu de vacances (la maison des grands-parents, vous saturez !), mais que vous sentez bien une résistance du côté de votre conjoint(e).

En tissant des **liens sincères** avec les membres de la famille de votre nouvel amour, vous passez également un message plutôt agréable : vous ne souhaitez pas faire table rase de son passé, ni l'écarter des siens. Bien au contraire, vous êtes conscient que vos cultures familiales peuvent se conjuguer, même si quelques ajustements sont nécessaires.

ENTRE VOUS

Sans vivre en communauté, la famille ainsi élargie a tout à gagner d'une bonne intégration entre les générations et les lignées, sans pour autant que certains renoncent à leurs valeurs ou leurs règles de vie tandis que d'autres ne se remettraient pas en question d'un iota. C'est là toute la subtilité.

Identifiez vos ennemis

Dans la complexité de la recomposition familiale, après les alliés, bien évidemment, il faut s'arrêter sur vos ennemis ou, pour le moins, les personnes qui ne sont pas toujours bien disposées à votre égard.

CONCENTREZ-VOUS SUR L'ESSENTIEL

Les faux amis de votre belle histoire risquent d'avancer masqués quand d'autres se montrent au grand jour ! Une seule solution : **vous centrer sur vos priorités**. Si vous avez décidé de former un nouveau couple, vous aviez bien une idée en tête en dehors du simple fait de vouloir mutualiser les frais. La préservation de votre couple doit rester **LA** priorité autour de laquelle organiser la famille. Si votre bonheur est stable, le plus serein possible et joyeux, il se diffusera auprès des vôtres. D'autres vous diront que la priorité pour eux, c'est l'arrivée d'un bébé ou l'instauration d'une fratrie élargie et indissoluble. Qu'importe, l'essentiel est de **défendre votre bastion**. À partir de lui, des liens se tisseront, d'autres se distendront, voire se rompront.

FAITES LA PART DES CHOSES

Que vous soyez parent, beau-parent ou simplement un jeune lecteur qui s'est procuré ce livre pour tenter d'y voir plus clair, le conseil est universel : il s'agit de **comprendre ce qui nous oppose** les uns aux autres. Et même si c'est énervant, essayez de voir ce qui pourrait vous réunir, au moins former un **mini-socle commun**.

Sauf si vous êtes confronté à des personnes qui présentent véritablement des cas psychologiques relevant de la psychiatrie, il est toujours possible de faire la part des choses entre les hostilités qui traduisent plutôt le besoin d'être entendu ou de trouver (maladroitement) une place et les coups bas qui pourraient vous mettre en danger et qui sont portés avec l'intention évidente de vous nuire ou d'être néfastes à votre projet conjugal et familial.

Sachez faire face aux critiques

« Tu n'es pas ma mère ! », « Mon père, lui, il aurait dit oui », « Si papa n'a pas d'argent, c'est à cause de toi »... La liste des reproches est longue, allant du plus banal au plus blessant, du plus injuste au « un-petit-peu-fondé » mais que l'on n'aimerait pas entendre.

À chaque occasion, le moins douloureux et le plus prudent pour éviter que les critiques et les altercations ne dégénèrent est de **distinguer le reproche de la personne**. Il peut être fondé, ou du moins acceptable, de s'en prendre à un acte, mais pas à la personne qui l'a commis. Par exemple, dire : « Si ta mère ne m'avait pas quitté, on n'en serait pas là » accuse et alimente le feu. Dites plutôt : « Votre mère est partie. Le reste ne vous appartient pas. Je sais que cela a une influence réelle sur votre vie. Maintenant, c'est de notre responsabilité à tous, ensemble, de reconstruire quelque chose de bien. »

Autre conseil pour ne pas rugir : **recadrez la personne**. La phrase : « Tu n'es pas ma mère » est sans doute ce que la marâtre de circonstance redoute le plus d'entendre. Pour autant, elle ne saurait tout accepter. En cas d'attaque (!), convenez avec l'enfant qu'effectivement vous n'êtes pas sa mère, mais que, malgré tout, puisqu'il vit à vos côtés, ce sont les règles définies par vous et leur père qui s'appliquent. Bien entendu, cela suppose que **votre couple s'accorde** sur l'éducation et le vivre-ensemble.

Le monde des Bisounours, pensez-vous ? Il est vrai que c'est le dispositif idéal, mais l'expérience montre qu'il fonctionne si chacun est animé d'une réelle **intention de maintenir le lien**. Dans le cas contraire, cet effort de communication est peine perdue.

À MÉDITER

« Il y a de la sagesse à apprendre de nos colères. »
Marc Pistorio, psychologue québécois, médiateur et auteur de *La Sagesse de nos colères* (Éditions de l'Homme, 2010) et *Dis-moi qui tu aimes, je te dirai qui tu es* (Édito, 2015).

Prenez la vie du bon côté

L'un de mes ouvrages porte ce titre et je plaide « jouable » ! En étant réaliste et optimiste, il est possible de relativiser, de passer outre les petites gaffes, les maladresses. Aussi longtemps que l'amour n'est pas remis en question au sein du couple et dans la fratrie, il est possible de mettre du baume au cœur de tout le monde et de la joie sous votre toit.

LES PISTES POUR Y PARVENIR

• Il est normal de vivre des hauts et des bas. **Ne jouez pas au jeu du « tout va bien ».** En étant sincère les uns envers les autres, vous apprécierez chaque minute à sa juste valeur.
• Laissez une **marge de manœuvre** à chaque enfant selon sa maturité. Il sera fier de revenir vers vous en ayant appris de son expérience.
• **Amusez-vous** autant que faire se peut. Le rire est communicatif. Le ménage est une corvée ? Donnez

À RETENIR

La joie de vivre est une énergie fabuleuse pour dénouer la complexité inhérente à toute recomposition.

à chacun une petite tâche dans la joie et la bonne humeur, chronométrez, lancez des défis et, au bout du compte, prévoyez une réjouissance (un gâteau, des crêpes, une virée en ville...).

• Profitez de toutes les occasions pour **cultiver le goût de la vie**. À tout âge, on peut s'attarder à remarquer la chance que l'on a de faire une belle randonnée ensemble, de déguster un bon repas, d'avoir terminé un bon livre, de voir un bon film ensemble...

• Pensez à **votre devise** (voir la règle n° 18), vous réussirez ainsi à traverser les épreuves en les transformant à votre avantage.

• **Marquez le coup**, même simplement, quand une bonne note arrive sur le bulletin scolaire ou que vous avez une bonne nouvelle à votre travail. Tous les prétextes sont bons pour partager des fragments de bonheur ou au moins de satisfaction.

Reconnaissez les émotions

La recomposition rebat toutes les cartes des précédents jeux relationnels.

Les enfants peuvent vivre des **conflits de loyauté** vis-à-vis de leurs parents en culpabilisant de bien aimer la nouvelle amie de leur père ou le compagnon de leur mère. D'autres ne supportent pas leurs quasi-frères ou quasi-sœurs.

Si votre ex-mari a refait sa vie, il se peut que sa nouvelle compagne vous rende malgré elle verte de **jalousie** ou que l'absence de votre petit vous attriste, tandis que cette femme a un bisou du soir, ou que votre ex-mari passe Noël avec votre couvée. Une belle-mère ou un beau-père peuvent aussi trouver **injuste** d'être malmenés alors qu'ils font leur possible.

Tout cela est humain. Comme la colère, la tristesse et fort heureusement la joie, les émotions sont des indicateurs de notre état. Elles ont toute leur place tant que vous parvenez à les contenir dans l'intérêt de chacun.

Savourez les moments joyeux

Lorsqu'on se lance dans une nouvelle histoire d'amour qui, d'emblée, est une histoire familiale puisqu'il y a déjà des ex-conjoints et des enfants dans le décor, nous avons vu que l'hypersensibilité domine.

Cependant, et c'est plutôt encourageant, la joie aussi s'invite dans la maisonnée. Sinon, quel sens cela aurait-il de croire en une nouvelle histoire à deux, et à plus avec les enfants et peut-être même d'autres à venir ?

Alors, compte tenu de la complexité d'une vie de famille et *a fortiori* dans ces circonstances, **célébrez chaque joie, grande ou petite, comme un cadeau**. Ne prenez jamais pour normal le simple fait de rire ensemble, de plaisanter, de vous amuser. Cela place tous les membres de la tribu dans une spirale vertueuse. La bonne humeur est communicative !

Soyez organisé

En fonction du mode de garde, des espaces dont vous disposez chez vous, des âges des enfants, des professions des parents et beaux-parents, chacun dans le système familial va attendre du couple qui recompose une famille qu'il assure.

Si l'on veut que les anniversaires, les vacances, les fêtes de Noël ou les ponts se planifient harmonieusement, les **ajustements de calendrier** sont nécessaires. N'oublions pas les emplois du temps souvent chargés des enfants entre leur scolarité et les activités parascolaires.

Au sein du couple en question, **chacun doit faire sa part**. Sans une organisation soutenue, vous serez vite débordé. Détrompez-vous si vous croyez que tout peut s'arranger au dernier moment ! En conséquence, ne lésinez pas sur les moyens : tableaux Excel, emplois du temps sur les réfrigérateurs, cahiers de liaison entre les foyers... Tout est bon, pour autant que vous vous y teniez tout en laissant de la place à l'**improvisation**. L'inattendu n'est plaisant que si ce n'est pas le chaos au quotidien !

Coordonnez les fratries

Selon les modes de garde et vos projets d'un nouvel enfant, les aînés de votre union peuvent devenir des petits derniers ou des âges intermédiaires le temps des vacances ou d'un week-end bimensuel. Ces changements de position influent sur la dynamique du groupe qu'ils forment. Tenez-en compte.

Dans les cas les plus heureux, les quasis, les demis et les nouveaux venus vont s'entendre comme **larrons en foire**, inventant des jeux, répétant des spectacles à votre intention, créant une page Facebook, écrivant un petit journal de la famille… mais cela n'empêche pas qu'existent aussi des **tensions**, des jalousies et des agacements. Souvent, ils surgissent quand les jeunes troupes ressentent de l'injustice, se sentent délaissées affectivement ou ont l'impression qu'on leur force la main.

DES LIENS À RÉINVENTER ENTRE EUX

Ces liens reposent sur leurs inclinations naturelles à bien s'entendre et sur les repères que vous leur donnez pour développer entre eux un **sentiment d'appartenance** à une même famille, aussi recomposée soit-elle. Il peut s'agir d'activités partagées même s'ils font un drôle de nez au début, de petits rituels lorsque toutes les générations se retrouvent (par exemple, lors de retrouvailles, un menu spécial et consensuel les attend, ou une sortie dans un fast-food, ou encore un film choisi ensemble avant la précédente séparation…).

NE FORCEZ RIEN OUTRE MESURE

Laissez aux jeunes le temps de s'apprivoiser, de se faire à l'idée qu'ils forment un autre genre de famille que celle dont ils sont issus. Si l'on ne peut forcer personne à aimer l'autre ni imposer le plaisir de vivre ensemble, on peut tout au moins défendre la valeur du **respect** des uns envers les autres. Il permet de se supporter sans se confondre, de s'affirmer sans tout détruire.

Définissez votre périmètre d'intervention

Ainsi formulée, cette règle ne semble pas très romantique, pourtant, elle est cruciale !

Que vous soyez mère ou belle-mère, père ou beau-père, ex de l'un ou de l'autre, vous devez vous entendre avec votre partenaire sur l'étendue des responsabilités que vous pouvez assumer et le **degré d'autorité** dont vous disposez dans l'intérêt de la bonne marche de la maison. Plus vous êtes clair à ce sujet, moins il y a de place pour les malentendus et donc les conflits.

Il y a les **dispositions juridiques**, certes, et nous pouvons vous renvoyer à la règle n° 13. Au-delà des cadres officiels, la vie est faite d'**arrangements** de nature à faciliter le quotidien. Par exemple, en tant que belle-mère, avez-vous ou non un droit de regard sur les devoirs et des commentaires à apporter sur les bulletins ? À titre de beau-père, pouvez-vous de votre propre chef accorder (ou non) un droit de sortie ?

En tant que parent, il est habile de **tenir aux enfants un discours** sur la place que votre nouveau partenaire occupe dans votre vie. Adaptez le niveau de langage aux intéressés. Pour l'essentiel, il s'agit de les rassurer sur le fait que leur mère/père le reste, mais que Véronique ou Didier mérite toute votre confiance : en votre absence, il/elle peut s'occuper d'eux et prendre des décisions les concernant pour les petites choses du quotidien, sachant bien entendu que leur éducation ou leur scolarité reste de votre ressort et celui de leur autre parent.

Ces rôles dont on tente au mieux de définir le contenu, un peu comme une « fiche de poste » au travail, ne sont pas scellés pour toujours. Cependant, ils donnent des **repères rassurants** aussi bien aux enfants qu'aux adultes.

ENTRE VOUS

De manière sous-jacente, en attribuant à chacun des fonctions et des responsabilités, c'est de reconnaissance dont il est question.

Autorisez-vous des temps séparés

Ce n'est pas parce que vous êtes fermement décidé à recomposer une famille que vous devez respirer et agir tous ensemble 24 heures sur 24 et 365 jours par an !

Les beaux-parents doivent comprendre que les parents ont envie de s'adonner à des activités avec leurs enfants sans que ces moments remettent en question **l'amour ou la force des liens**. À l'inverse, les parents doivent concevoir que certaines fêtes de famille ou certaines obligations ne concernent que très indirectement les nouveaux partenaires, et qu'en conséquence ces derniers aient la possibilité de se tenir à l'écart. Bien sûr, cette souplesse varie selon les âges auxquels la recomposition se tisse.

LES ENFANTS SONT PRESQUE ADULTES

Prenons un couple qui se remarie autour de la cinquantaine et dont les enfants ont déjà une vingtaine d'années. On peut imaginer, pour Noël par exemple, que madame aille dans sa famille prendre soin d'un parent âgé et réunir sa propre progéniture si elle est disponible, tandis que monsieur fait de même avec les siens. L'essentiel est que chacun soit **au clair** avec les raisons pour lesquelles il se soustrait à des rituels.

LES ENFANTS SONT PLUS JEUNES

Quand les recompositions concernent des ados et des enfants, on peut aussi s'accorder des libertés si la volonté du couple fondateur n'est pas tant de créer une « famille formidable », pour reprendre le titre d'une série télévisée bien connue, que de former un couple qui compose chacun de son côté avec son passé et sa progéniture. Rappelez-vous que l'amour entre les uns et les autres n'est jamais automatique.

On peut aussi imaginer que, le temps faisant, les souhaits évoluent et que, librement, sincèrement, beaux-parents, beaux-enfants et familles diverses désirent se retrouver autour de dates clés ou de week-ends de garde.

N'associez pas la présence « obligatoire » à une preuve d'amour.

Révisez votre géométrie

La recomposition suggère que les semaines se succèdent sans se ressembler, et il faut savoir s'adapter !

Vous êtes seuls en amoureux parfois, en couple avec un enfant à plein temps à d'autres moments, peut-être à six ou sept en fin de semaine, une semaine sur deux ou en vacances, ce qui fait que les aînés sont les derniers, les derniers sont au milieu, vous êtes belle-mère/beau-père et mère/père simultanément ou en alternance au gré des modes de garde... Vous suivez ? Et encore, nous n'avons pas énoncé toutes les configurations possibles ! Cette géométrie variable est amusante, mais pas toujours...

Autant vous y faire, **ces variations sont inévitables** dans une famille recomposée ! Elles dépendent, d'une part, des modes de garde décidés par le juge ou les parents et, d'autre part, des aménagements occasionnels possibles ou non entre les parents.

Au fil du temps, les enfants grandissent et se sentent autorisés à manifester leurs propres récriminations. Par exemple pour assister à l'anniversaire d'un copain ou aller dormir chez leur meilleure amie.

Que vous soyez parent ou beau-parent, la recomposition demande donc de travailler votre capacité d'adaptation. **Psychorigides s'abstenir** sous peine de heurts ! S'il est important de donner un cadre à l'intérieur duquel s'organiser, il est aussi recommandé de **savoir l'assouplir** pour mettre du liant dans le lien, plutôt que de l'huile sur le feu.

Ménagez votre couple

À force de parler de « famille » recomposée, on finirait par oublier le couple, à l'origine même de cette reconfiguration des places. Pour réussir votre pari et que les enfants des deux côtés et ceux à naître se sentent appartenir à une même famille, il va falloir résister aux pressions.

NE PROJETEZ PAS VOS BLESSURES PASSÉES

Votre couple a vocation à **vous rendre heureux**, à vous épanouir. Il n'est pas conçu pour régler vos problèmes passés ou réparer des blessures anciennes. Votre conjoint(e) n'a pas davantage pour rôle de combler des attentes non satisfaites durant votre enfance et qui, consciemment ou non, viendraient vous tarauder.

Ainsi, assurez-vous d'être bien au fait des origines du mal-être dont vous souffriez dans votre précédente relation pour ne pas rejouer le même scénario négatif. Par exemple, ne projetez pas sur votre conjoint ce père absent dont vous auriez tant aimé qu'il vous admire et salue vos efforts pour attirer son attention. Votre nouvelle partenaire n'est pas cette mère avare de compliments et négative dès lors que vous vouliez amorcer un projet. Elle vous donne son avis à titre d'adulte, avis que vous avez sollicité pour partager avec elle ce qui vous préoccupe.

1 + 1 = 2

Les rencontres ont toutes un sens. Avant de construire une famille, la rencontre amoureuse est d'abord entre vous et un autre être humain. Elle n'est pas due au hasard, même si les apparences sont trompeuses. Votre couple va se cocréer et cette **cocréation** aura des répercussions sur les ramifications qui gravitent déjà et graviteront autour de vous.

À MÉDITER

« Et tenez-vous ensemble, mais pas trop proches non plus : car les piliers du temple s'érigent à distance et le chêne et le cyprès ne croissent pas dans l'ombre l'un de l'autre. » Khalil Gibran, *Le Prophète* (Le Livre de Poche, 1996).

Préservez les intimités

L'intimité se vit à deux niveaux : des espaces physiques et des bulles où chacun peut trouver refuge et se sentir à l'abri du jugement ou du regard des autres.

ESPACES PHYSIQUES

Il est important de ménager pour chacun un lieu, même petit, qui lui permette de se retirer, de reprendre de l'énergie. Quand on s'y réfugie, cela ne veut pas dire que l'on est en opposition avec les autres. Ces endroits sont vécus comme des rendez-vous avec soi et son monde intérieur. La question du logement n'étant pas toujours facile, ne culpabilisez pas si chaque enfant n'a pas sa chambre ou si vous dormez dans le **canapé-lit** du salon… Cet espace d'intimité peut s'incarner dans une **boîte** où l'on range ses petits secrets et trésors. Vous pouvez aussi préserver cet espace par un **paravent** qui sépare deux lits, crée une cloison ou délimite un périmètre.

JARDIN SECRET

Cette intimité peut prendre plusieurs formes allant d'une part de mystère que vous garderez pour vous jusqu'à votre imaginaire et votre intériorité, en passant par le journal intime et tout ce que vous pouvez trouver qui alimente cette part de vous-même où vous ressourcer.

Ces deux aspects de l'intimité vous permettent :

- de vous reposer de tous les bouleversements qu'une recomposition impose ;
- de nourrir le besoin vital de chaque être humain d'enrichir sa vie privée et de se protéger de l'ingérence d'un ex ou d'un quelconque « envahisseur émotionnel » (mère ou père de votre conjoint, beau-frère, sœur intrusive...).

À RETENIR

Dans chaque relation, veiller à laisser à chacun un jardin secret est un facteur de stabilité. Sans lui, on tombe dans l'intrusion, la violence psychique et morale.

Levez le pied

Vouloir un bonheur parfait, des scolarités idéales, des carrières exceptionnelles pour bien montrer qu'un divorce ou deux ne nuit pas à la santé est un bel objectif. Cependant, ne (vous) mettez pas une pression indue qui serait contre-productive.

Il y a une nuance entre se donner les moyens de réussir et **devenir esclave du jugement des autres**. De nombreux conjoints veulent faire de leur nouvelle famille un modèle du genre. Ils estiment déjà avoir raté la première et ont donc à cœur de prouver que cette fois est la bonne. Détendez-vous ! Sans vous montrer laxiste, assurez-vous que votre niveau d'exigence envers vous-même et les membres de votre famille recomposée reste acceptable. **Évitez le perfectionnisme toxique.** Il vous priverait de cette légèreté et de cette joie de vivre qui devraient guider vos pas. Privilégiez plutôt des règles de vie en harmonie avec vos valeurs et votre objectif de voir ces générations s'entremêler et s'épanouir à leur façon.

Une grande différence prévaut souvent entre l'image que l'on projette pour donner le change et ce qui se passe véritablement au sein du foyer. Restez donc circonspect et ne vous dénigrez pas si vous avez l'impression de moins bien réussir votre affaire que votre sœur ou votre collègue de travail. **Ne prenez pas non plus tout personnellement** quand votre famille ou votre couple font l'objet d'une critique : vous vous gâcheriez la vie.

Certes, notre société valorise la performance, le toujours mieux et le toujours plus. Si cette volonté de vous inscrire dans cette mouvance vous rend malheureux ou fait souffrir autour de vous, n'attendez pas pour vous remettre en question afin de profiter de votre quotidien, libéré de contraintes moins essentielles qu'il pouvait y paraître de prime abord.

Modérez vos propos

À l'impossible nul n'est tenu, mais dans la mesure du possible, évitez le cynisme et les autres remarques explosives.

Il est difficile pour un parent blessé ou un conjoint qui se pense abandonné au profit d'une tierce personne de ne pas maudire cette dernière. Il est tentant de pointer tous les défauts de cette belle-mère lorsque vous désapprouvez ses actes auprès de vos enfants ou que vous êtes jalouse de la qualité du lien qu'elle entretient avec eux. Pas facile de ne pas critiquer l'homme ou la femme qui a pris votre place, surtout si vos enfants ne lui reprochent rien de grave.

Et pourtant, si vous voulez éviter de jeter du vitriol dans les relations qui se nouent, **tournez plus de 7 fois votre langue dans votre bouche** avant de parler. Nous sommes responsables de notre parole.

Apprivoisez votre stress

La cohabitation crée des tensions même quand tout le monde y met du sien. Imaginez alors lorsque l'un ou l'autre manifeste sa désapprobation...

Dans quelque situation que ce soit et même si vous êtes d'un naturel serein, vous traverserez des périodes plus ou moins intenses qui risquent de vous contrarier, vous énerver, vous attrister. De la négligence la plus anodine (SON fils aurait pu mettre le couvert, il savait que son père et vous arriveriez tard), à la blessure la plus vive (MA propre fille préfère vivre chez son père), en passant par les zones grises allant des « emprunts » de produits dans la salle de bain, de vêtements dans votre armoire, aux dépassements des heures convenues pour le retour, etc.

Afin de supporter le stress et ne pas en pâtir, **prévoyez des antidotes** comme la méditation, la pratique d'un sport ou d'un loisir, une évasion chez le bon copain ou la bonne copine, etc.

Créez-vous des souvenirs

S'il faut composer avec les passés respectifs, il est aussi important d'ancrer dans cette nouvelle histoire familiale une série de beaux souvenirs, à inventer au fur et à mesure que votre vie ensemble s'installe dans la durée.

Ces éléments d'une mémoire commune que vous allez façonner peuvent prendre plusieurs formes :
• des **petits cérémonials** dans la bonne humeur (cuisiner ensemble un repas chaque fois que vous êtes au complet...) ;
• des **sorties autour d'un thème commun** et, lorsque ce n'est pas le cas, la promesse que la prochaine fois la virée sera plus centrée sur le goût des autres ;
• des **jeux** où l'on se taquine et où l'on fait équipe ;
• des **tâches domestiques** agréables à partager (aller au marché, cueillir des champignons...) ;
• des **activités en commun** (peinture, sport...) ;

• des **moments de transmission** (bricoler quelque chose, apprendre un point de couture, découvrir un auteur ou un compositeur…) ;
• des **lieux de vacances** que l'on fréquente régulièrement.

L'essentiel est que les souvenirs ainsi créés contribuent à **renforcer la connivence** entre vous tous. Il n'est pas obligatoire qu'ils réunissent à chaque fois toutes les générations. Qu'il s'agisse de souvenirs de bêtises sympathiques qui rapprochent les enfants, de souvenirs d'éclats de rire partagés par tous les âges, chaque initiative de nature à favoriser les liens et à écrire une histoire à plusieurs mains est à encourager.

ENTRE VOUS

Autant la routine peut être dévastatrice quand elle conduit à l'ennui, autant des habitudes qui rassurent et fédèrent le foyer participeront de votre réussite. L'essentiel est de tricoter un récit partagé.

Passez des messages clairs

Vous vous êtes lancé dans l'aventure d'une famille recomposée portée par un amour confiant et enthousiaste. Malgré tout, des déconvenues risquent d'assombrir le tableau (temporairement, souhaitons-le).

Malgré les exhortations à la bienveillance et la tolérance, **vous n'êtes pas tenu de tout accepter et de vous renier**. Ce n'est pas parce que vous voulez à tout prix réussir votre nouvelle union que vous devez supporter l'insupportable. En outre, ne craignez pas de marquer vos limites par peur d'être mal aimé. Quel amour que celui qui méprise ?

Ainsi, des gestes forts peuvent transmettre des messages clairs et montrer que si vous êtes prêt à y mettre du vôtre, vous attendez des autres la pareille ou, du moins, l'absence de provocation.

• **Exemple n° 1.** Vous savez qu'en votre absence, et malgré votre interdiction, les enfants viennent dans votre chambre. Or, pour vous, cet espace est justement ce lieu d'intimité que nous évoquions à la règle n° 32. Posez une serrure. Après s'être cassé le nez sur une porte close, les jeunes comprendront que vous n'êtes pas dupe !

• **Exemple n° 2.** En ouvrant votre nouveau masque hydratant, vous découvrez la trace d'un doigt coupable. Si après un ou deux rappels à l'ordre, cette mauvaise habitude ne disparaît pas, rangez vos produits dans un placard fermant à clé.

• **Exemple n° 3.** Lors des deux précédents week-ends, le fils de votre partenaire s'est vraiment montré détestable. Expliquez simplement que tant qu'il n'aura pas fait un effort, vous préférez ne pas venir lors du prochain séjour que supporter sa présence. Si le dialogue est sain entre votre moitié et vous et que vous êtes sur la même longueur d'ondes, l'attitude de l'indélicat devrait changer.

Ces signaux forts doivent rappeler que **le respect de chacun est le mot d'ordre**. Pour autant, ils ne doivent pas donner à l'enfant l'impression qu'il n'a plus sa place dans la nouvelle organisation voulue par son père ou sa mère.

Un bébé ? Préparez les esprits

Si vous avez le projet de mettre en route un bébé, n'oubliez pas de préparer les autres enfants à la nouvelle ! Selon les âges et les personnalités, les réactions seront diverses.

CHAUD ET FROID

Ils peuvent être heureux de devenir le plus grand ou de ne plus être la plus petite, mais ils peuvent aussi s'inquiéter. Seront-ils autant aimés qu'avant ? Ils peuvent bien réagir sur le coup et, *a posteriori*, vous en vouloir. Ils imagineront par exemple que vous les remplacez ou que le bébé va menacer la qualité du lien tissé avec vous. Il arrive même que ce soit des visées patrimoniales (héritage, etc.) qui éveillent leurs mauvaises dispositions... Cette annonce va également être interprétée par les enfants ou les ex-conjoints comme une preuve supplémentaire du sérieux de votre union. Et cette preuve tangible peut blesser, attrister ou mettre en colère la femme ou le mari quitté(e), même s'il/elle a refait sa vie. Le cœur n'est pas très rationnel !

QUE FAIRE ?

• **Avec les enfants.** Assurez les âmes sensibles qu'ils auront toujours la même place dans votre cœur, que l'amour se démultiplie plutôt qu'il ne se découpe en parts. Acceptez également qu'il faille à certains plus de temps pour assimiler la nouvelle et même s'en réjouir.

• **Vis-à-vis de votre ex.** Sauf si l'hostilité refroidit toute tentative de dialogue, prenez les devants et annoncez la nouvelle avant qu'il ne l'apprenne par des voix (et voies) détournées. C'est une marque de respect de l'histoire passée et un signe que vous pouvez entendre l'émotion que suscite ce changement.

ENTRE VOUS

Tout le monde ne traverse pas les étapes de la recomposition de la même manière. Dans *Le Petit Prince*, souvenez-vous du plaidoyer du renard pour se montrer patient dans l'art de l'apprivoisement.

RÈGLE 39

Soyez équitable

Les atomes crochus ne s'expliquent pas toujours... C'est une réalité avec laquelle il faut composer en son âme et conscience.

Malgré toute la bonne volonté dont les beaux-parents veulent faire preuve, ils ne se comportent pas de la même façon avec leurs beaux-enfants parce qu'ils sont tous différents. Il arrive aussi, toujours en dépit d'un désir de bien faire, que les parents aient tendance à privilégier leurs propres enfants, ceux de leur partenaire se sentant laissés pour compte.

Une seule solution pour éviter ces glissements malheureux : veillez à rester équitable. Bien sûr, personne n'est dupe et chacun comprend qu'un lien extêmement fort existe entre vous et la chair de votre chair. Cependant, il faut absolument bannir toute injustice, surtout si elle s'exprime avec l'intention

évidente de signifier votre agacement à l'égard de ces enfants qui sont la preuve vivante qu'il/elle en a aimé une autre avant vous...

Cette équité (qui n'est pas l'égalité, rappelons-le) s'applique tant aux **autorisations** (évitez les deux poids deux mesures, à moins de pouvoir expliquer clairement votre point de vue) qu'aux gestes concrets. Autre exemple, si vous souhaitez « bonne nuit » à toute la marmaille chaque soir par un bisou, tous les enfants doivent recevoir et échanger avec vous un baiser. Équité encore lors des **achats du quotidien**. Ce souci d'un juste équilibre dans le traitement des situations prévaut également si des **punitions** doivent sanctionner un comportement. Aucune raison que votre enfant pâtisse moins que les autres s'il a participé activement au méfait ou alors retour à la case marâtre/parâtre !

ENTRE VOUS

Bien entendu, des moments privilégiés d'intimité et de tendresse ont toute leur place entre un parent et son enfant. Mais ils ne doivent pas être vécus par les autres comme un signe de mise à l'écart.

Évitez les mêmes erreurs

On connaît le baby-clash, cet effet secondaire d'une naissance qui met le couple à rude épreuve au point de le conduire à la rupture. Dans le même esprit, il existe aussi bien des pièges qui peuvent pousser vers une remise en question de votre famille recomposée. Sachez les reconnaître pour mieux les écarter.

Influence malsaine des ex ou d'autres membres de la famille qui ne vous voient pas arriver d'un très bon œil, coups d'éclat des enfants de chacun, manque de reconnaissance des efforts des uns et des autres, difficultés d'adaptation à un nouveau lieu de vie, résistance au changement, soucis financiers, exercice de l'autorité remis en question… les causes sont multiples. La famille, recomposée ou non, est un lieu de négociation perpétuelle.

À RETENIR

De la même façon qu'on ne choisit pas sa famille, on ne choisit ni les enfants de son nouvel amour ni sa famille. C'est une sorte de package. Un « recomposant » averti en vaut deux !

LES POINTS CLÉS

- **Faites le point régulièrement.** Tout le monde fait preuve de bonne volonté pour concourir à la belle harmonie générale. Cependant, la vie et ses contraintes vont peser lourd sur vos belles ambitions. Régulièrement, vérifiez que le projet du couple, de la famille et les comportements de chacun restent bien articulés autour d'une même vision qui respecte chacun sans nuire au vivre-ensemble.
- **Demandez de l'aide.** Il n'y a aucune honte à solliciter des professionnels de l'accompagnement pour vous aider à traverser une mauvaise passe. En cas de difficultés durables, de crises insistantes, inutile de souffrir pour rien et de tout mettre en péril. N'hésitez pas à franchir la porte d'un cabinet de psychologue, thérapeute, médiateur ou coach...

Tendez l'oreille

Toutes générations confondues, chacun a des idées, des petits chagrins, des gros tracas, des grands moments d'euphorie. En tant qu'adulte, parent ou beau-parent, époux ou ex-compagne, il vous appartient de prendre sur vous pour vous montrer disponible lorsque l'un ou l'autre veut vous parler.

Bien sûr, chacun subit la pression du quotidien, les énervements, le manque de temps. Mais l'écoute est un **signe de reconnaissance** et même d'affection, voire d'amour de l'autre. Si vous prenez le temps de vous poser pour être attentif à ce que cet autre cherche à vous dire, vous lui signifiez qu'il compte à vos yeux.

POUR BIEN ÉCOUTER, D'ABORD, TAISEZ-VOUS !

Reformulez au besoin afin que l'autre sente que vous l'avez bien compris. N'hésitez pas à poser des questions si ce n'est pas clair et, lorsque le silence s'installe, donnez-lui sa place. Il en sortira sans doute une idée ou un commentaire précieux !

Devenez bricoleur

Nous arrivons presque au terme de ces 50 règles d'or et il me semble important d'introduire cette notion...

Oui, la vie dans une famille recomposée sera d'autant plus agréable, apaisée et enthousiasmante que vous bricolerez au mieux entre les habitudes, les blessures, les aspirations, les rêves, les désirs des uns et des autres. Bien sûr, il est tentant de placer sur un piédestal une famille idéale. Mais de la théorie à la pratique, il y a des milliers de kilomètres.

Pour que la recomposition dans laquelle vous vous lancez ou qui vous bouscule au point que vous lisiez ce livre puisse fonctionner, admettez que **personne ne détient la vérité... pas même vous.** Chacun va faire au mieux pour que l'édifice tienne contre vents et marées, et même qu'il abrite le bonheur de plusieurs générations à tous les étages.

Accrochez-vous : ados à l'abordage !

S'il est un moment où les adultes se trouvent plongés dans un abîme de perplexité, c'est bien à l'adolescence des enfants. La vie dans la famille recomposée n'échappe pas à cette règle !

L'observation que beaucoup de « vieux » (comprendre la quarantaine et plus) constatent : « Mais nous, l'adolescence, on n'en faisait pas toute une montagne ! » Effectivement, nos souvenirs nous invitent à le croire. Vrai ou faux, les ados d'aujourd'hui constituent une sorte de population en soi. Elle regorge de **potentiels**, tout autant qu'elle est un réservoir de **contradictions**. Et nous, les « vieux », devons apprendre à devenir parents ou beaux-parents des membres de cette tribu confrontée aux transformations du corps, aux tumultes des premiers émois,

aux prises de position tranchées d'un citoyen en construction.

Les sources d'exaspération ne doivent pas faire oublier leurs maladresses, leurs fragilités et, fort heureusement, les **bonnes surprises** lorsqu'on voit ces enfants gagner en maturité.

Les ramifications propres aux familles recomposées démultiplient la caisse de résonance de leurs agissements. Quand la confrontation gronde, regardez leurs excès comme des provocations et **tenez bon** ! Vous appuyer sur votre couple reste une stratégie solide, comme prendre du recul, sans pour autant baisser les bras ; le rappel du cadre éducatif ne s'estompe pas l'adolescence venue. Bien au contraire.

À MÉDITER

Parents ou beaux-parents, vous serez déroutés, en colère... mais aussi attendris. Dans toutes ces circonstances, je vous conseille un ouvrage que j'ai dû offrir des dizaines de fois : *Comment élever un ado d'appartement ?*, d'Anne de Rancourt (Chiflet & Cie, 2006). Quel service elle a rendu !

Conseillez sans ordonner

La recomposition n'est pas l'affaire que de quelques années. Aussi votre exercice de l'autorité va-t-il évoluer.

Au début, en accord avec votre partenaire, vous aurez la possibilité d'infléchir une initiative malheureuse prise par la jeune troupe, de rappeler les règles de vie qui prévalent sous votre toit commun et de punir le cas échéant si les bornes sont dépassées. Si tout va bien dans votre couple, il y a fort à parier que les enfants vont grandir et rester dans le sillage de votre noyau conjugal et familial. Il faudra rester vigilant et attentif quand ils vous feront partager leurs aventures, leurs projets, leurs difficultés ; donner vos conseils si vous y êtes invité, mais ne pas ordonner. « Évidemment », direz-vous ! Pas si simple pourtant, dans la vraie vie, de lâcher prise quand la couvée a pris son envol...

AUTORITÉ VS AUTORITARISME

Dans tous les cas, l'autorité n'est jamais l'autoritarisme. Elle suppose des droits et des devoirs de la part de la personne qui l'exerce. Elle requiert également une certaine légitimité pour être en position d'imposer un point de vue. Dans l'idéal, il est préférable de faire adhérer l'autre à sa décision, mais selon les âges et les personnalités en cause, cela n'est pas toujours possible, ni souhaitable non plus, l'enfant ayant besoin d'un cadre pour se construire en accord et en opposition à celui-ci.

UNE COMMUNICATION CONSTRUCTIVE

Eh oui, dur, dur d'être parent et *a fortiori* beau-parent… Une piste pour faire passer les interdits sans déclencher des crises insupportables : faites comprendre à l'intéressé que les principes de vie que vous imposez ou les décisions que vous prenez n'ont pas pour objectif de lui nuire ou de lui gâcher sa joie de vivre. Cette autorité participe d'un projet éducatif sur lequel vous et votre partenaire vous accordez dans son intérêt. Vous pouvez aussi lui faire valoir qu'à votre niveau également, vous devez parfois subir l'autorité d'autrui, au travail par exemple.

Dialoguez

Dans la relation « les uns avec les autres », pour faire un clin d'œil à *Starmania*, rien n'est possible sans cette communication.

Le mot « communication » vient du latin *communicatio*, à savoir « mise en commun, échange de propos, action de faire part ». Le dialogue y tient la part centrale. Il a pour objectif de **maintenir le lien**, de garder précisément des choses en commun à partir desquelles débattre si l'on n'est pas d'accord, s'entendre au moment présent et nourrir des projets.

Quelques conseils :

• Pour construire dans la confiance, rien n'est pire que de mettre les enfants ou les autres membres de la famille devant des **faits accomplis** dès lors qu'ils sont concernés. Cette attitude est souvent vécue comme un manque de respect et de considération. Pensez donc à faire partager vos réflexions ou vos questionnements.

• Si le dialogue porte sur un **sujet sérieux**, choisissez le meilleur moment. Évitez d'entamer la conversation juste avant de partir au travail, tard le soir ou quand les personnes concernées ont la tête ailleurs…

• Dites ce qui vous tracasse au fur et à mesure pour **éviter l'« effet Cocotte-Minute »**. Un dialogue régulier évite l'accumulation de malentendus, de frustrations et une explosion qui ferait plus de mal que de bien.

• Le dialogue n'est pas un rapport de force ni une lutte pour avoir le dernier mot. **Écoutez, prenez le temps de réfléchir** aux arguments de vos interlocuteurs, cherchez toujours ce qui reste « en commun » et qui pourrait faire avancer l'échange.

• Restez orienté vers une issue positive. Chaque dialogue doit servir à **trouver une solution** plutôt qu'à passer en force.

ENTRE VOUS

Un dialogue réussi permet de créer du sens entre vous à partir de vos émotions, vos ressentis, des faits que chacun n'interprète pas toujours avec la même sensibilité.

Parlez d'argent

Notre relation à l'argent dépasse la simple gestion pratique. Elle révèle nos peurs (d'être lésé notamment), nos ambitions, nos besoins de sécurité, etc. Or, après des divorces et des reconstructions, ces sommes qui transitent d'un foyer à l'autre (ou qui ne transitent pas, malheureusement !) sont à l'origine de bien des zizanies.

L'ÉQUITÉ DANS LE FOYER

La répartition des dépenses au sein du nouveau foyer et l'équité (nous y revenons) sont aussi des causes de tension. Je me souviens d'une femme qui se plaignait que son beau-fils occupe une chambre à lui seul pour seulement un week-end sur deux, alors que ses propres filles vivant à plein temps avec eux dormaient dans des lits superposés ! « Au prix du mètre carré ! » ajoutait-elle.

LA TRANSMISSION DE VALEURS

Les questions financières renvoient également à l'idée de la transmission non seulement d'actifs, mais aussi de valeurs. Veut-on, par exemple, sensibiliser ses enfants à une logique comptable, leur faire valoir que leur mère ne paie rien ou que leur père ne verse pas la pension, ou préfère-t-on les épargner en pensant qu'« ils auront bien le temps d'ouvrir les yeux quand ils seront grands ». L'argent indique aussi jusqu'à quel point nous comptons pour l'autre et s'avère souvent un **substitut affectif**, ce que l'on croit être une compensation pour sa culpabilité ou son absence.

C'est donc entre **dimension symbolique** et **pouvoir bien concret** que vous allez devoir parler d'argent. Ne pensez pas que ces aspects de votre vie soient négligeables ou manquent de romantisme. Les bons comptes font les bons amis. Évitez les injustices. Ne sombrez pas dans une prodigalité pour vous faire aimer à tout prix. Notre rapport à l'argent soulève bien des émotions et transmet des messages. Soyez-en conscient.

Tirez parti des conflits

Nous avons insisté sur le besoin d'un dialogue ouvert et d'une écoute respectueuse, maintenant, venons-en aux conflits ! Comme la communication, le conflit met en jeu des relations interpersonnelles ; il peut aussi bien être aidant que destructeur.

AIDANT ET DESTRUCTEUR

Aidant, le conflit ? Cette idée choque parfois et pourtant, elle est fondée. En chinois, le mot « conflit » se traduit par un double idéogramme qui signifie à la fois « danger » ET « opportunité ». Le conflit n'a rien de mauvais en soi. Mieux même :

- **il a un sens :** il révèle quelque chose qui ne va pas ;
- **il a une fonction :** c'est par lui que va débuter une action pour trouver une solution ou apporter un changement.

Quand un conflit survient, cherchez d'abord à vous assurer que sa cause est la bonne et qu'elle ne cache pas plutôt la goutte d'eau qui ferait déborder votre vase ou celui de quelqu'un d'autre. Par exemple, une chambre mal rangée qui deviendrait l'occasion de revenir sur les mauvaises habitudes prises quand les enfants sont chez leur père (évidemment, leur père !).

UNE DÉMARCHE CONSTRUCTIVE

Pour que le conflit ne soit pas stérile, même si ce conseil est plus facile à dire qu'à incarner, ne campez pas sur vos positions et efforcez-vous de trouver **où ce conflit vient vous chercher** en tant qu'individu. Réveille-t-il une blessure d'enfance (injustice, abandon...) ? Renvoie-t-il à des scénarii de votre ancienne vie ? Vous pouvez ainsi mieux relativiser et ne pas surréagir. Quand vous êtes au clair avec vous-même, vous pouvez mieux faire valoir votre point de vue, expliquer l'effet que ce désaccord produit sur vous et proposer un changement.

Après, à l'impossible nul n'est tenu. S'il faut être deux pour aimer, **il faut aussi être deux** pour vouloir sortir gagnant-gagnant d'un conflit.

Faites de l'humour

Le sens de l'humour ne coûte rien et il peut rapporter gros. L'humour, disait Romain Gary, est « une affirmation de la dignité, une déclaration de la supériorité de l'homme sur ce qui lui arrive ». C'est un incontournable du quotidien en famille.

Rien de mieux que l'humour pour **désamorcer une tension** ou éviter de prononcer une phrase au vitriol du type « quand on se dispute avec Julie, c'est toujours parce que l'un d'entre vous a fait une conn... ».

L'humour vous permet également de **passer un message**. Par exemple : « Certes, j'ai une capacité d'adaptation (pour ce qui concerne les manières du fils de votre partenaire à table), mais j'aimerais quand même que l'on n'en revienne pas à l'âge des cavernes. »

Enfin, notez que ce talent peut vous épater quand il vient de la jeunesse. Les enfants et les ados n'ont pas leur pareil pour nous proposer un **regard décalé**. À nous de l'accepter et de passer à autre chose.

Échangez trucs et astuces

• Vous rêvez d'une famille « normale » (ça existe ?)...
• Vous vous voyez comme à la télévision, dans une grande maison où les crises et les câlins s'enchaînent dans l'euphorie générale...
• Vous avez l'impression que votre collègue de bureau s'en sort mieux que vous...
• Votre meilleur copain a l'air plutôt zen avec la tribu de sa nouvelle femme... enceinte par ailleurs.

Derrière les apparences se cachent les réalités. N'ayez aucune honte à vous ouvrir de vos difficultés et à partager des trucs et astuces avec d'autres parents et beaux-parents. Consultez des sites dédiés à votre cause. Vous vous sentirez moins désemparé face à une difficulté au sein de votre couple, à un abîme de perplexité devant la fratrie à rallonge ou lors d'une première occasion (vacances, Noël, fête de classe où vous rencontrez la nouvelle compagne de votre conjoint, l'ex-conjoint de votre nouvel amour, etc.).

Dites merci

Je souhaiterais terminer ce livre par ce conseil à élever, sans hésiter, au statut de règle d'or. Vivre au sein d'une famille recomposée suppose de savoir gré aux générations qui s'y mêlent de ce qu'elles nous apprennent sur nous-même et sur la vie. Conflits de valeurs, désir de regarder dans le même sens... si les uns grandissent, toutes et tous évoluent.

LA NOTION DE PLAISIR

Ce chemin passe par des crises et de grands moments de bonheur. Tant que demeure le plaisir de rester soi-même tout en se laissant porter par le plaisir des autres à être aussi eux-mêmes, il est permis de penser que la recomposition a de belles heures devant elle.

CHANGEZ DE LUNETTES

Il arrive que l'on perçoive les enfants issus de toutes parts, les conjoints des deux côtés, les oncles, tantes, grands-parents de toutes les branches comme des menaces pour soi, une embûche de plus pour trouver sa place dans une constellation bouleversée. Ne culpabilisez pas et changez de lunettes. Regardez ces entrelacements comme des occasions de grandir. On apprend à tout âge. Se remettre en question ne veut pas dire tout accepter, mais faire le tri entre ce que l'on veut garder de notre socle intrinsèque, de notre éducation, de nos valeurs et ce que l'on peut laisser tomber au bénéfice d'autres valeurs, d'autres modes de vie.

À MÉDITER

Terminons avec philosophie grâce au poète René Char qui nous pose cette question dans *Fureur et mystère* (1948) : « Comment vivre sans inconnu devant soi ? »